Maisstärke
AF549835
Koriander
Pfeilwurzstärke
Kartoffelstärke
Hirse
Quinoa
Butter
Buchweizen (Kascha)
Minze
Glutenfreier Puderzucker

Alexandra Beauvais

Glutenfreie REZEPTE MIT NUR 4 ZUTATEN

Bassermann

Inhalt

Vorwort

Kochen ist seit jeher meine Leidenschaft – eine Leidenschaft, die ich mit Körper und Geist lebe. Mein Geschmackssinn leitet mich, er trägt mich, er begeistert mich. Kochen ist für mich ein Lebensstil und eine Lebensaufgabe, und das möchte ich in diesem Buch mit Ihnen teilen!

Als Tochter und Enkelin von Chefköchen wurde mir der Beruf der Köchin in die Wiege gelegt. Als bei mir 2008 Glutenintoleranz diagnostiziert wurde, glaubte ich, alles sei vorbei, doch das Gegenteil war der Fall: Nach mehreren Monaten des Forschens und Experimentierens eröffnete sich mir eine neue Welt, die mir den kreativen Umgang mit meinen neuen Lebensbedingungen ermöglichte. Dies führte schließlich zur Gründung meines eigenen Unternehmens, das auf glutenfreie Ernährung und Nahrungsmittelunverträglichkeiten im Allgemeinen ausgerichtet ist. Meine Arbeit besteht heute aus der Entwicklung neuer Produkte, Rezepte und Gastronomie-Konzepte.

Meine Recherchen habe ich inzwischen ausgeweitet auf das, was der auf Ernährung spezialisierte Soziologe Claude Fischer als „spezielle Ernährungsformen" bezeichnet. Rein medizinisch gesehen sind diese bedingt durch Allergien und Intoleranzen. Tatsächlich ist der Begriff von ihm jedoch viel weiter gefasst und schließt sowohl politische als auch spirituelle Aspekte der Ernährung einschließlich religiöser Vorschriften mit ein. Mir ist es ein Anliegen, meinen Gerichten und dem Essen einen Sinn verleihen.

Dieses Buch ist für mich die perfekte Gelegenheit, den Kontakt zu Ihnen herzustellen und mit Ihnen in einen Austausch zu treten. Sie laden mich buchstäblich in Ihre Küche ein, und wir bereiten gemeinsam Gerichte zu – für Sie, für Ihre Familie und für Ihre Freunde.

Es gibt eine ganze Reihe von Zutaten, die zur Grundausstattung Ihrer glutenfreien Küche zählen sollten und die daher nicht mehr extra in den Rezepten aufgelistet werden. Diese finden Sie auf S. 76.

Viel Spaß und guten Appetit!

Alexandra Beauvais

CHICKEN NUGGETS

Für 4 Personen
Vorbereitung: 20 Minuten
Garzeit: 15 Minuten

50 g Reismehl

3 Hühnerbrustfilets

Kokosöl

Marinade
(Rezept siehe S. 76)

Den Ofen auf 210 °C vorheizen. Das Reismehl in einer Schüssel mit Pfeffer mischen.

Die Hühnerbrustfilets in 5 cm lange und 2 cm breite Streifen schneiden und anschließend mit Kokosöl bestreichen.

Die Fleischstücke einzeln in Mehl wenden und dann auf ein mit Backpapier ausgelegtes Backblech legen. Für 5 Minuten in den Ofen geben, dann wenden.

Die Marinade darübergießen und den Backvorgang fortsetzen. Nach 10 Minuten erneut wenden. Die Nuggets heiß aus dem Ofen servieren. Salat oder Gemüse-Wedges (Rezept siehe S. 40) als Beilage reichen.

800 g Pastinaken

2 Knoblauchzehen, gehackt

500 ml Mandeldrink

2 Bio-Orangen

PASTINAKEN-ORANGEN-CREMESUPPE

Für 4 Personen
Vorbereitung: 20 Minuten
Garzeit: 40 Minuten

Die Pastinaken gründlich waschen und dann schälen. Die Schalen mit etwas Öl beträufeln, gut durchkneten, pfeffern, salzen und einige Minuten lang bei 210 °C im Ofen backen. Zur Seite stellen.

Die Pastinaken in Stücke schneiden und für 20 Minuten in einem Dampfgarer dämpfen. Dann mit der Hälfte des Mandeldrinks und dem gehackten Knoblauch mixen.

Alles in einen großen Topf geben und zum Verdünnen der Suppe ein wenig Wasser hinzugeben. Mit Pfeffer und Salz nach Geschmack würzen und bei schwacher Hitze 10 Minuten köcheln lassen.

Mit dem Sparschäler Zesten von den Orangenschalen abziehen. Dann 3 Orangenhälften auspressen und den Saft der Suppe zugeben. So viel vom restlichen Mandeldrink hinzufügen, dass die Suppe eine perfekte Konsistenz bekommt.

Währenddessen die Orangenzesten in einen mit Wasser gefüllten Topf geben und 2 Minuten lang blanchieren.

Die Cremesuppe abschmecken und in die Teller geben. Mit den Pastinakenschalen-Chips und den blanchierten Orangenzesten garnieren und mit Haselnussöl beträufeln.

GRÜNKOHLSALAT

MIT SUPERFOODS

Für 4 Personen
Vorbereitung: 15 Minuten
Ruhezeit: 2 Stunden kalt stellen

Den Grünkohl waschen und trocknen. Die Stiele und die Blätter klein schneiden, dann einen Schuss Öl hinzugeben und gut durchmischen. Den Kohl kalt stellen, bis er weich ist – das dauert etwa 2 Stunden.

Die Avocado entkernen, schälen und in Scheiben schneiden. Den Fenchel waschen und klein schneiden.

Den oberen Teil des Granatapfels abschneiden, den unteren Teil vierteln und die Kerne mit einem Löffel herauslösen.

Alle Zutaten optisch ansprechend auf einem Teller anrichten und mit einer Vinaigrette Ihrer Wahl (Rezepte siehe unten oder S. 76) beträufeln. Sofort servieren.

++

Der Grünkohlsalat wird bestens durch Cashewnüsse ergänzt. Diese Vinaigrette aus dem Saft einer Orange, Fleur de Sel, Pfeffer, einigen Acai-Beeren und 3 EL Olivenöl verleiht dem Salat eine fruchtige Note.

160 g weiße Quinoa

½ Romanesco

1 schwarzer Rettich

100 g Feta

QUINOASALAT

MIT VIELEN VITAMINEN

Für 4 Personen
Vorbereitung: 20 Minuten
Garzeit: 15 Minuten

Die Quinoa unter kaltem Wasser abspülen und 10 Minuten in kochendem Salzwasser garen. Den Topf vom Herd nehmen und die Quinoa 3 Minuten zugedeckt quellen lassen. Sie sollte leicht bissfest bleiben. Dann abgießen, abspülen und kalt stellen.

Den Romanesco waschen und fein reiben oder in einem Mixer zerkleinern, bis er eine grießförmige Konsistenz hat. Den schwarzen Rettich schälen und in feine Stifte schneiden.

Den Feta würfeln und in eine Schüssel geben. Das Gemüse und die Quinoa hinzugeben und alles gut mischen. Den Salat, wenn gewünscht, mit Schnittlauch bestreuen. Ein paar rote Johannisbeeren verleihen eine fruchtige Note und sind dazu hübsche Farbtupfer. Mit einer Vinaigrette servieren (Rezept siehe S. 76).

MINI-TARTES-TATINS

MIT KIRSCHTOMATEN UND BALSAMICO-KARAMELL

Für 4 Personen
Vorbereitung: 10 Minuten
Garzeit: 25 bis 30 Minuten

Für das Balsamico-Karamell den Essig und 5 EL braunen Zucker in einen Topf geben. Bei schwacher Hitze erwärmen, bis ein Sirup entsteht.

Den Ofen auf 180 °C vorheizen. 4 Tarteförmchen mit Balsamico-Karamell bestreichen. Die Kirschtomaten waschen und dicht an dicht in die Förmchen setzen. Den Käse darüberstreuen und mit Pfeffer und Salz würzen.

Den Knetteig auswellen, auf die Größe der Tarteförmchen zuschneiden und die Tomaten damit bedecken. Die Teigränder mithilfe eines Messers in die Form hineindrücken. 20 bis 25 Minuten im Ofen backen.

Jetzt kommt der große Moment jeder Tarte Tatin: Die Form wird auf einen Teller gestürzt und vorsichtig abgehoben. Voilà, da ist eine richtige Tarte! Der Teigboden ist unten, Käse und Tomaten als Belag oben drauf. Als Vorspeise servieren oder zum Aperitif reichen.

Für einen glutenfreien Knetteig 200 g Reismehl, 100 g in Stückchen geschnittene, gesalzene Butter und etwa 80 ml Wasser in eine Schüssel geben. Die Zutaten verkneten, bis eine homogene Teigkugel entsteht, dann etwa 1 Stunde kalt stellen.

2 Zucchini

1 lila Karotte
1 orange Karotte

1 Dose Kichererbsen

Erdnusssoße
(Rezept siehe S. 76)

GEMÜSESPAGHETTI

AUS ZUCCHINI UND KAROTTE

Für 4 Personen
Vorbereitung: 15 Minuten

Für diesen Salat die Zucchini waschen und abtrocknen, aber nicht schälen. Dann die Karotten schälen. Die Zucchini und die Karotten mit einem Spiralschneider in Spaghettiform schneiden. Alternativ können mithilfe eines Sparschälers breitere Gemüsetagliatelle hergestellt werden.

Die Gemüsespaghetti auf Tellern anrichten und die Kichererbsen darüber verteilen. Mit der Erdnusssoße übergießen und servieren.

200 g rote Linsen

1 Mischung aus Kurkuma und Fenchelsamen

1 Bio-Limette (Saft und Zesten)

2 EL Tahin (Sesampaste)

ROTE-LINSEN-HUMMUS

Für 4 Personen
Vorbereitung: 20 Minuten
Garzeit: 15 Minuten
Ruhezeit: 1 Stunde

Die Linsen abspülen und in einen Topf mit kaltem Wasser geben – sie sollten mit 3 cm Wasser bedeckt sein. Zum Kochen bringen, die Hitze reduzieren und 15 Minuten köcheln lassen, bis die Linsen wirklich weich sind. Falls noch Wasser im Topf vorhanden ist, dieses abschütten.

Die Linsen mit den Gewürzen, dem Limettensaft und den Zesten, dem Tahin und einem Schuss Olivenöl in einen Mixer geben. Die Zutaten mixen, bis eine Paste entsteht, dann abschmecken.

Etwas Sahne – alternativ Soja Cuisine oder Reis Cuisine – hinzufügen, um die gewünschte Konsistenz zu erhalten, und dann mindestens 1 Stunde kalt stellen.

Servieren Sie den Hummus mit Gemüse, das roh verzehrt werden kann – zum Beispiel Gurken, Radieschen, Karotten, Kirschtomaten oder Blumenkohl –, und mit glutenfreiem Brot. Schneiden Sie alles so zurecht, dass es sich gut zum Dippen eignet.

500 g Olivetti- oder Datteltomaten

250 g Garnelen

250 g glutenfreie Tagliatelle

1 Bio-Limette

TAGLIATELLE
MIT GARNELEN

Für 4 Personen
Vorbereitung: 10 Minuten
Garzeit: 20 Minuten

Die Tomaten halbieren. Etwas Butter in einer Schmorpfanne schmelzen. Die Tomaten darin anbraten und 10 Minuten bei schwacher Hitze zugedeckt köcheln lassen.

Den Deckel abnehmen und die Garnelen hinzufügen. Salzen, alles gut vermischen und warm halten.

In einem Topf Wasser zum Kochen bringen und mit grobem Salz salzen. Die Tagliatelle nach Packungsangabe kochen. Dann abtropfen lassen und auf einen vorgewärmten Teller geben.

Die Limette waschen und ein paar Zesten mit einem Sparschäler abschneiden. Dann vierteln und eine Spalte auf jeden Teller legen.

Die gedünsteten Tomaten mit den Garnelen auf die Tagliatelle geben, mit Limettenzesten bestreuen und mit einer Limettenspalte servieren.

CHIRASHI

MIT LACHS UND SCHWARZEM RETTICH

Für 4 Personen
Vorbereitung: 10 Minuten
Garzeit: 20 bis 40 Minuten
(abhängig vom Reis)

Den Sushi-Reis mehrfach wässern und abgießen. Dann mit Wasser in einem Reiskocher zubereiten. Nach dem Kochen in eine Schale füllen und mit Essig übergießen.

Währenddessen den Sushi-Lachs in nicht zu dicke Streifen oder Würfel schneiden. Den schwarzen Rettich gründlich waschen, aber nicht schälen. Dann in dünne Scheiben oder feine Streifen schneiden.

Den Reis in die Schälchen geben und den Lachs darauflegen. Mit den Rettichscheiben oder -streifen garnieren, dann mit Sesamsamen bestreuen und sofort servieren.

Wenn Sie keinen Reiskocher besitzen, können Sie den Reis auch in einem Topf auf dem Herd zubereiten.

4 Rote Beten
in farblichen Varianten

2 Entenbrüste (je 300 g)

3 EL Balsamico

100 ml französischer
Rotwein

GEGRILLTE ENTENBRUST

MIT ROTEN BETEN AUS DEM OFEN

Für 4 Personen
Vorbereitung: 20 Minuten
Garzeit: 1 bis 1,5 Stunden

Die 4 Roten Beten – diese Rübchen heißen zwar Rote Beten, können aber verschiedene Farben bis hin zu Gelb haben – waschen und abtrocknen, aber nicht schälen. Den Ofen auf 180 °C vorheizen.

Ein Backblech mit Backpapier auslegen. Die Roten Beten einölen, mit grobem Salz abreiben und auf das Backpapier setzen. Je nach Dicke 1 bis 1,5 Stunden im Ofen backen – mit dem Messer prüfen, ob sie gar sind. Die Roten Beten schälen und in Spalten schneiden.

Mit einem Messer ein Rautenmuster in die Haut der Entenbrüste ritzen. Eine Pfanne ohne Zugabe von Fett erhitzen und die Entenbrüste mit der Hautseite nach unten hineinlegen. Dann wenden und das Fleisch ganz nach Belieben mehr oder weniger durchbraten. Die Entenbrüste aus der Pfanne nehmen und in Alufolie wickeln, um sie warmzuhalten.

Das Bratfett aus der Pfanne entfernen, dann den Balsamico und den Rotwein hineingießen und 1 TL Zucker hinzufügen. Einige Minuten lang reduzieren, bis eine sirupartige Konsistenz erreicht ist. 50 g kalte Butter in Stücken hinzugeben und die Soße mit dem Schneebesen aufschlagen.

Die Entenbrust zusammen mit den Roten Beten auf einer Servierplatte anrichten. Die Rotweinsoße dazu reichen.

4 Zucchini

1 pikante Tomatensoße

400 g Blumenkohl (in Röschen geteilt)

1 Packung Trockenobst

SÜSSSAURES GEMÜSE

AUS DER TAJINE

Für 4 Personen
Vorbereitung: 20 Minuten
Garzeit: 40 Minuten

Die Zucchini waschen und mit dem Sparschäler teilweise schälen, sodass in Längsrichtung ein Streifenmuster entsteht, und in dicke Scheiben schneiden.

Die pikante Tomatensoße in die Tajine geben, salzen und pfeffern und 7 Minuten lang köcheln lassen. Dann etwas Wasser hinzufügen.

Das Gemüse in die Tajine geben und bei sehr geringer Hitze 15 Minuten schmoren lassen. Jetzt die Trockenobst-Mischung aus Pflaumen, Aprikosen und Datteln hinzugeben, umrühren und weitere 20 Minuten lang zugedeckt schmoren lassen. Das Gericht ist fertig, wenn das Gemüse gar, aber nicht zu weich ist.

++

Als Beilage zu diesem Gericht passt Couscous aus Hirse mit Kichererbsen.

4 große Kartoffeln

100 g Speckwürfel

150 g Crème fraîche

50 g Emmentaler (gerieben)

GEFÜLLTE OFENKARTOFFELN

AUS MEINER KINDHEIT

Für 4 Personen
Vorbereitung: 20 Minuten
Garzeit: 50 Minuten

Den Ofen auf 250 °C vorheizen. Die 4 Kartoffeln waschen und einzeln in Alufolie wickeln. Auf ein Backblech legen und 40 bis 45 Minuten im Ofen backen.

Währenddessen die Speckwürfel in einer Pfanne ohne Fett kurz anbraten, dann bei geringer Hitze für ein paar Minuten schmoren und zur Seite stellen.

Sobald die Kartoffeln gar sind, jeweils an der Längsseite ein kleines Stück abschneiden. Die Kartoffeln aushöhlen. Das Innere der Kartoffeln in eine Schüssel geben, die Crème fraîche und die Speckwürfel hinzugeben und die Füllung abschmecken.

Die Kartoffeln mit der Speck-Kartoffel-Mischung füllen, mit geriebenem Emmentaler bestreuen und kurz im Ofen überbacken.

Ich liebe dieses Gericht, aber es ist sehr reichhaltig. Genuss in Maßen – nicht in Massen – lautet daher die Devise. Wenn Sie möchten, können Sie die Kartoffeln auch dampfgaren, statt sie im Ofen zu backen!

PROVENZALISCHES BUCHWEIZENRISOTTO

Für 4 Personen
Vorbereitung: 20 Minuten
Garzeit: 18 Minuten

Das Öl in einer Pfanne erhitzen. Den Buchweizen hinzufügen und umrühren, bis er mit dem Öl überzogen ist. Einige Schöpfkellen Hühnerbrühe hinzugeben, bis der Buchweizen vollständig bedeckt ist.

Die Flüssigkeit verdampfen lassen und erneut Brühe hinzufügen. Unter regelmäßigem Rühren den Vorgang wiederholen, bis die Flüssigkeit vollständig aufgenommen wurde. Der Buchweizen sollte bissfest sein.

Ein paar Oliven für die Garnitur zur Seite legen. 5 Minuten vor Ende der Garzeit die restlichen Oliven unter den Buchweizen heben. Zum Schluss die Reis Cuisine untermischen.

Das Risotto in tiefe Teller füllen und vor dem Servieren harmonisch mit den Oliven garnieren.

Wenn Sie mögen, bestreuen Sie das provenzalische Buchweizenrisotto mit etwas gehobeltem Parmesan – ganz so, wie es bei seinem Vorbild, dem italienischen Reisrisotto, üblich ist. Etwas Petersilie als Garnitur bringt Farbe – und das Auge isst ja bekanntlich mit.

FISCH AUS DEM OFEN

MIT KAROTTEN- UND FENCHELPÜREE

Für 4 Personen
Vorbereitung: 25 Minuten
Garzeit: 35 Minuten

Die Kartoffeln und die Fenchelknollen waschen und dampfgaren. Die Karotten ebenfalls waschen und dampfgaren.

Die Kartoffeln und den Fenchel zusammen pürieren, das Püree würzen und glatt rühren. Die Karotten ebenfalls pürieren und würzen. Beide Pürees in getrennten Schüsseln warm halten.

Den Ofen auf 200 °C vorheizen. 1 Blatt Pergamentpapier in eine Ofenform legen. Ein Fischfilet darauf legen und mit etwas Olivenöl, Salz und Pfeffer würzen. Dann das Ganze zu einem Päckchen verschließen. Den Vorgang mit den anderen Fischfilets wiederholen.

Die Ofenform in den Ofen schieben und den Fisch etwa 15 Minuten backen. Dann aus dem Ofen nehmen und mit den beiden Pürees auf den Tellern anrichten.

TARTE BASQUAISE

EINE SPEZIALITÄT AUS DEM BASKENLAND

Für 4 Personen
Vorbereitung: 20 Minuten
Garzeit: 45 Minuten

Eine Tarteform mit dem Knetteig auslegen. Mehrfach mit einer Gabel in Boden und Rand einstechen.

In einer Schüssel 2 ganze Eier und ein Eigelb aufschlagen. 2 EL Maisstärke in etwas Wasser glatt rühren und hinzugeben, dann salzen, pfeffern und gut durchmischen.

Den Ofen auf 180 °C vorheizen. Die Piperade und den rohen Schinken auf dem Teig verteilen und die Eimasse darübergießen. Die Tarte in den Ofen schieben und 45 Minuten backen.

Tarte basquaise kann nach Belieben warm oder kalt serviert werden!

Die baskische Piperade ähnelt dem provenzalischen Ratatouille. Sie ist ein Gemüseragout aus Zwiebel, Knoblauch, Gemüsepaprika und Tomatenmark. Das typische Aroma entsteht durch die Gewürze: Neben Salz und Pfeffer sind das Rosmarin, Thymian und Chilipulver – am besten Piment d'Espelette, das Original aus dem Baskenland.

GEMÜSE-WEDGES

VOM BLECH

Für 4 Personen
Vorbereitung: 20 Minuten
Garzeit: 30 Minuten

Den Ofen auf 210 °C vorheizen. Das Gemüse waschen und bürsten, in möglichst gleichmäßig große Spalten schneiden und in eine Schüssel geben.

Etwas Sonnenblumenöl und 6 EL hausgemachtes Ketchup in einer Schüssel verrühren und über die Gemüse-Wedges geben. Alles gut vermischen.

Eine Gewürzmischung aus den Sojaflocken, dem Rosmarin, dem Thymian sowie Salz und Pfeffer herstellen.

Die Wedges auf einem mit Backpapier ausgelegten Ofenblech verteilen. Mit der Gewürzmischung bestreuen und 25 bis 30 Minuten in den Ofen schieben. Die Gemüse-Wedges während der Backzeit mehrfach wenden.

Abschmecken und mit dem hausgemachten Ketchup servieren.

Wir haben Kartoffeln, Pastinaken und Süßkartoffeln verwendet, aber das Rezept funktioniert mit vielen Gemüsesorten – Sie haben die Wahl!

4 Süßkartoffeln

1 Avocado

Laktosefreie weiße Soße
(Rezept siehe S. 76)

100 g Kichererbsen
(gekocht)

SÜSSKARTOFFELN

MIT AVOCADO UND KICHERERBSEN

Für 4 Personen
Vorbereitung: 15 Minuten
Garzeit: 30 bis 40 Minuten

Die ungeschälten Süßkartoffeln waschen und bei 180 °C je nach Dicke für 30 bis 40 Minuten im Ofen backen. Mit einem Messer prüfen, ob sie gar sind.

Währenddessen die Avocado längs durchschneiden, den Kern entfernen und die Hälften schälen. Das Fruchtfleisch in Würfel schneiden und mit Limettensaft beträufeln.

Die Süßkartoffeln aus dem Backofen nehmen, der Länge nach halbieren und auf jede Hälfte einen Löffel Soße und je eine Portion Avocadowürfel und Kichererbsen setzen. Abschließend mit Haselnuss- oder Walnussöl beträufeln.

Runden Sie das Gericht mit ein paar Tropfen Walnussöl, Haselnussöl oder einer Honig-Ingwer-Vinaigrette ab. Dieses Essen ist bei mir zu Hause sehr beliebt. Es ist einfach zuzubereiten und man kann die Süßkartoffeln mit allem belegen, was man gerade zur Hand hat: gebratene Hähnchenwürfel, roher Schinken oder Frühlingsgemüse – der Fantasie sind keine Grenzen gesetzt!

VEGETARISCHE PIZZA

MIT EINEM BODEN AUS BLUMENKOHL

1 Blumenkohl (300 g)

1 bis 2 Eier
(je nach Größe)

1 Zucchini

100 g Parmesan

Für 2 Personen
Vorbereitung: 30 Minuten
Garzeit: 35 Minuten

Den Blumenkohl waschen. Nach dem Entfernen von Blättern und Strunk in große Stücke schneiden. Diese fein raspeln oder im Mixer zerkleinern, bis eine grießförmige Konsistenz erreicht ist. Den Ofen auf 210 °C vorheizen.

Den Blumenkohl in ein Passiertuch – oder ersatzweise in ein dünnes Geschirrtuch – geben und ausdrücken, um den Saft zu erhalten. Den ausgepressten Blumenkohl zwischen zwei Backpapierblätter auf ein Backblech legen und 10 Minuten im Ofen backen.

Das Ei in einer Schüssel verquirlen. Salz, Pfeffer und den Blumenkohl hinzufügen. Diesen Blumenkohlteig in Form eines Pizzabodens auf dem Backblech verteilen und 15 bis 20 Minuten im Ofen backen, bis er leicht Farbe angenommen hat. Währenddessen die Zucchini nach Belieben mit dem Sparschneider in Tagliatelle-Form schneiden oder raspeln.

Den Blumenkohlteig mit der geraspelten Zucchini belegen. Parmesan darüberhobeln, pfeffern und mit ein paar Tropfen Olivenöl beträufeln. Diese Pizza im Ofen überbacken.

Bestreichen Sie den Blumenkohl-Pizzaboden mit Bärlauchpesto, bevor Sie ihn mit der Zucchini belegen.

½ frische Ananas

Wintergemüse (z. B. 2 Kartoffeln und 2 Romanesco)

Currypulver

150 ml Soja Cuisine

GEMÜSECURRY

MIT WINTERGEMÜSE

Für 4 Personen
Vorbereitung: 20 Minuten
Garzeit: 30 Minuten

Die Ananas schälen, den Strunk entfernen und das Fruchtfleisch würfeln und kalt stellen.

Eine Zwiebel schälen und klein hacken. Die Kartoffeln schälen, waschen und in Würfel schneiden. 5 Minuten in Salzwasser kochen.

Den Romanesco in Röschen teilen und diese in kochendem Salzwasser 5 Minuten bissfest garen, dann abtropfen lassen und in eine Schüssel mit sehr kaltem Wasser oder Eiswürfeln legen.

Öl in eine Pfanne geben und erhitzen, dann die gehackte Zwiebel und die Gewürze (siehe auch ganz unten) hinzugeben und kurz braten. Die Ananasstücke und 50 ml Wasser hinzugeben, dann die Kartoffeln und den Romanesco. Die Soja Cuisine einrühren.

Nach Geschmack mit etwas Salz und eventuell Pfeffer würzen. Den Topf abdecken und das Curry 15 bis 20 Minuten schmoren lassen. Gelegentlich umrühren und bei Bedarf etwas Wasser hinzufügen.

Für ein Curry kann ein fertiges Currypulver verwendet werden. Es enthält traditionell Kurkuma, Koriander und Kreuzkümmel. Schärfere Varianten enthalten außerdem Chilipulver.

240 g Hirse

160 g Kichererbsen-Hummus

240 g Gemüse-Wedges (Rezept siehe S. 40)

80 g Rucola

BUDDHA BOWL

AUF HIRSEBASIS

Für 4 Personen
Vorbereitung: 10 Minuten
Garzeit: 15 Minuten

Die Hirse in einem Topf mit Salzwasser kochen. Anschließend abgießen, abkühlen lassen und auf die Schalen verteilen.

In jede Schale eine Portion Kichererbsen-Hummus und einige Gemüse-Wedges geben und mit dem Rucola toppen.

Mit einer Vinaigrette Ihrer Wahl beträufeln oder einfach so genießen.

++

Sie können die Wedges durch dampfgegarte Süßkartoffelwürfel ersetzen.

Backmischung für Brot mit Algen (Rezept siehe S. 76)

250 ml Buttermilch

2 Eier

3 EL Algenflocken

BROT MIT ALGEN

AUS DEM DAMPFGARER

Für 4 Personen
Vorbereitung: 10 Minuten
Garzeit: 45 Minuten

Die trockenen Zutaten für den Brotteig – siehe Zutatenliste S. 76 – in einer Schüssel mischen.

Die Buttermilch hinzugießen. Die Eier verquirlen und mit den Algenflocken zur Mischung geben. Mit Salz und Pfeffer abschmecken und den Teig gut durcharbeiten. In eine mit Backpapier ausgelegte Kastenform füllen.

Die Form in einen Dampfgarer stellen und 45 Minuten sanft dampfgaren.

Wenn Sie keinen Dampfgarer besitzen, können Sie das Brot in einem Römertopf oder einem Couscous-Topf backen. Eine Zubereitung im Ofen ist ebenfalls möglich, aber der Geschmack ist nicht derselbe. Dieses Brot eignet sich hervorragend als Beilage zu Austern oder anderen Meeresfrüchten. Es kann ganz einfach in einem Tuch eingeschlagen im Kühlschrank aufbewahrt werden.

1,4 kg Auberginen

Olivenöl

Garam Masala (Gewürzmischung)

Glutenfreies Brot in Scheiben

AUBERGINEN-KAVIAR

MIT PIKANTEN AUBERGINENSCHEIBEN

Für 4 Personen
Vorbereitung: 40 Minuten
Garzeit: 35 Minuten

Zwei Auberginen zur Seite legen. Die restlichen Auberginen waschen, abtrocknen und die Stiele entfernen. Die Auberginen der Länge nach halbieren. Die Auberginenhälften in eine Ofenform legen, das Fruchtfleisch leicht einschneiden, würzen und mit Olivenöl bestreichen. 30 Minuten im Ofen backen, bis sich die Haut löst und das Fruchtfleisch weich ist.

Das Fruchtfleisch aus den Auberginen herauslöffeln und zusammen mit etwas Olivenöl pürieren. Das Auberginenmus mit Salz und Pfeffer abschmecken.

Die verbleibenden 2 Auberginen waschen und in dünne Scheiben schneiden. Die Auberginenscheiben auf Küchenpapier legen, um ihnen möglichst viel Wasser zu entziehen. Die Scheiben mit der Garam-Masala-Gewürzmischung bestreichen.

Öl in einer großen Pfanne erhitzen und die Auberginenscheiben braten. Dann aus der Pfanne herausnehmen und erneut auf Küchenpapier auslegen, um überschüssiges Öl zu entfernen.

Die Brotscheiben toasten, mit dem Auberginen-Kaviar bestreichen und mit den Auberginenscheiben belegt servieren.

200 g grüner Spargel

4 schöne Scheiben glutenfreies Brot

Fruchtiges Chutney (z. B. von Mirabellen)

Parmesan

SPARGEL-CANAPÉS

MIT PARMESAN

Für 4 Personen
Vorbereitung: 10 Minuten
Garzeit: 2 Minuten

Den grünen Spargel waschen, längs halbieren und in feine Streifen schneiden. Diese nur ganz kurz in Olivenöl anbraten – sie sollten bissfest bleiben.

Jede Brotscheibe mit Chutney bestreichen und die Spargelstreifen darauf arrangieren. Mit gehobeltem Parmesan garnieren.

Die Spargel-Canapés zum Aperitif oder als Vorspeise reichen.

Das berühmteste Chutney ist wohl unbestritten das Mango-Chutney. Allerdings eignen sich auch andere Früchte für diese spezielle Fruchtzubereitung. Für die Spargel-Canapés ist ein Mirabellen-Chutney eine gute Wahl.

150 g Schweinebauch (gegart)

250 g glutenfreier Mehlmix (aus dem Supermark)

4 Eier

3 EL Algenflocken (aus der Bretagne)

HERZHAFTER

ALGEN-CAKE

Für 4 Personen
Vorbereitung: 20 Minuten
Garzeit: 40 Minuten

Den Ofen auf 180 °C vorheizen. Den Schweinebauch in kleine Würfel schneiden. 140 g Butter bei schwacher Hitze schmelzen.

Den Mehlmix mit einem Päckchen Backpulver, einer Prise Salz und Pfeffer in einer Schüssel mischen. Eine Mulde in das Mehl drücken und die Eier hineingeben. Mit dem Schneebesen zu einem glatten Teig verarbeiten. Nach und nach die geschmolzene Butter hinzugeben. Dann die Schweinebauchwürfel und die Algen mit einem Kochlöffel unterheben.

Eine Kastenform mit Butter einfetten, mit Backpapier auslegen und den Teig einfüllen. Ungefähr 40 Minuten im Ofen backen. Mit einem Holzstäbchen in den Kuchen einstechen. Bleibt kein flüssiger Teig daran haften, ist er durchgebacken und kann aus dem Ofen genommen werden. Den Algen-Cake abkühlen lassen und erst dann aus der Form nehmen.

Backmischung für Brot aus dem Topf (Rezept siehe S. 76)

7 g Trockenhefe

1 EL Apfelessig

470 bis 500 ml lauwarmes Wasser (maximal 38 °C)

BROT AUS DEM TOPF

Für 4 Personen
Vorbereitung: 20 Minuten
Gehzeit: 75 Minuten
Backzeit: 1,5 Stunden

Die Backmischung in die Schüssel einer Küchenmaschine mit Knethaken geben. Die Trockenhefe in etwas lauwarmem Wasser auflösen und hinzufügen, ebenso 1 EL Apfelessig. Die Maschine einschalten und langsam Wasser hinzugießen.

5 Minuten bei mittlerer Geschwindigkeit kneten. Den Teig zu einer glatten Kugel formen. Den Topf mit Öl einfetten und für den Fall der Fälle den Boden mit einem Stück Backpapier auslegen. Den Teig hineinlegen und zugedeckt 1 Stunde und 15 Minuten bei 30 °C im Ofen gehen lassen. Die Teigmenge sollte sich verdoppeln.

Die Temperatur des Ofens auf 240 °C erhöhen und das Brot 45 Minuten backen. Die Temperatur dann auf 180 °C senken und weitere 45 Minuten backen. Dann auf einem Gitter abkühlen lassen.

Nicht jeder Topf kann in den Backofen gestellt werden. Am besten funktioniert das Brotbacken in einem Topf aus Gusseisen. Töpfe mit Griffen aus Plastik sind hierfür ungeeignet.

300 g glutenfreie Backmischung für Brötchen mit Hefe

40 g kalte gesalzene Butter

250 ml Milch + 2 EL zum Verfeinern

1 EL Apfelessig

HAMBURGER-BRÖTCHEN

Für 4 Personen
Vorbereitung: 20 Minuten
Backzeit: 20 Minuten
Ruhezeit: 1,5 Stunden

Die Backmischung in die Schüssel der Küchenmaschine mit Knethaken geben und ca. 1 TL feines Salz und die Butter in Stücken hinzugeben. Vermischen, eine Mulde bilden und 200 ml Milch sowie den Apfelessig hinzufügen.

Die Maschine einschalten. Während sie knetet, nach und nach die restlichen 50 ml Milch hinzugeben. Weiterkneten, bis ein homogener Teig entsteht. Eine glatte Teigkugel formen und diese 1 Stunde bei Raumtemperatur ruhen lassen.

Den Teig portionieren, zu runden Brötchen formen und diese auf ein mit Backpapier ausgelegtes Backblech setzen. Bei 35 °C im Ofen gehen lassen, bis sich das Volumen des Teigs verdoppelt hat.

Die Temperatur des Ofens auf 200 °C erhöhen. Ein feuerfestes Schälchen mit Wasser in den Ofen stellen. Die Brötchen mithilfe eines Pinsels mit der restlichen Milch bestreichen und mit Sesamsamen bestreuen. 20 Minuten im Ofen backen.

Falls Ihre Backmischung keine Hefe enthält, fügen Sie 1 Päckchen Trockenhefe und 50 ml lauwarmes Wasser hinzu.

3 Lauchstangen

1 Becher Crème fraîche

80 g geriebener Emmentaler

4 Galettes (dünne Buchweizen-Pfannkuchen)

GALETTES BLÉ NOIR

DAS SALZIGE PENDANT ZU SÜSSEN CRÊPES

Für 4 Personen
Vorbereitung: 20 Minuten
Garzeit: 20 Minuten

Die äußeren Blätter des Lauchs sowie einen Teil des Grüns entfernen, die Lauchstangen in Scheiben schneiden und waschen. In einer Schmorpfanne mit etwas Butter 10 bis 15 Minuten lang dünsten, dann die Crème fraîche hinzugeben. Mit Salz und Pfeffer würzen.

Ein bisschen Butter in einer Pfanne schmelzen und die erste Galette hineinlegen. 2 EL Lauchgemüse in die Mitte setzen und mit geriebenem Emmentaler bestreuen.

2 Minuten backen, damit die Galette warm und knusprig wird. Die Ränder umklappen, sodass ein Rechteck entsteht. Mit den restlichen Pfannkuchen ebenso verfahren.

Bretonische Galettes blé noir, die typischen dünnen Buchweizenpfannkuchen, selbst zu backen, ist unkompliziert. Dazu 250 g Buchweizenmehl mit 1 TL Salz mischen. Nach und nach 500 ml Wasser zugeben und mit dem Schneebesen glatt rühren. Es entsteht ein relativ flüssiger Teig. Die Schüssel abdecken und den Teig 4 Stunden ruhen lassen. Dann auf einem Crêpemaker oder in einer großen Pfanne sehr dünne Pfannkuchen backen.

2 Eier

110 g gesalzene Butter

200 g Blockschokolade

60 g Reismehl

SCHOKO-FONDANTS

NACH DEM REZEPT VON JEANNE

Für 12 Küchlein
Vorbereitung: 10 Minuten
Backzeit: 6 bis 9 Minuten

Den Ofen auf 190 °C vorheizen. Die Eier in einer Schüssel schaumig schlagen.

Die Butter und die Schokolade in einem Topf im Wasserbad langsam schmelzen. Die Mischung glatt rühren, zur Eimasse in die Schüssel geben und vermischen.

Das Reismehl löffelweise hinzufügen. Zu einem glatten Teig verarbeiten und in kleine feuerfeste Formen gießen.

Die Schoko-Fondants je nach Größe der Formen 6 bis 9 Minuten im Ofen backen, bis sich oben eine feste Kuchenschicht gebildet hat. Aus dem Ofen nehmen, etwas abkühlen lassen und noch warm als Dessert servieren.

3 Eiweiße

180 g Zucker

350 g exotische Früchte nach Wahl

250 ml Schlagsahne (35 %, gut gekühlt)

EUGENIAS PAVLOVA

MIT EXOTISCHEN FRÜCHTEN

Für 4 Personen
Vorbereitung: 30 Minuten
Backzeit: 2 Stunden

Den Ofen auf 120 °C vorheizen. Die Eiweiße steif schlagen, bis der Eischnee am Schneebesen zu haften beginnt. Den Zucker unter ständigem Schlagen hinzugeben. Anschließend einen gestrichenen Esslöffel Maisstärke einrühren. Die Masse sehr steif schlagen, bis sie glatt und glänzend ist und gut am Schneebesen haften bleibt.

Ein Backblech mit Backpapier auslegen. Mit dem Spritzbeutel für den Boden einen Kreis von etwa 18 cm Durchmesser auf das Backblech spritzen und dann einen Ring für den Rand aufsetzen. In den Ofen schieben, die Temperatur auf 90 °C reduzieren und mindestens 2 Stunden backen. Das Baiser sollte fest und elfenbeinfarben sein.

Währenddessen die Früchte waschen, schälen, schneiden und anschließend kalt stellen. Die Sahne mit 2 Päckchen Vanillezucker steif schlagen. Die entstandene Schlagsahne kalt stellen.

Das Baiser auf einen großen Teller legen, mit der Schlagsahne füllen und mit den exotischen Früchten garnieren. Zum Abschluss mit Puderzucker bestäuben.

++

Anstelle einer großen Pavlova können Sie auch kleine Baisertörtchen mit Sahne und Früchten herstellen.

SÜSSE CRÊPES

VON MARIE-LYS

Für 4 Personen
Vorbereitung: 10 Minuten
Backzeit: 15 Minuten
Ruhezeit: 1 Stunde

Die Eier mit einer Prise Salz in einer Schüssel schaumig schlagen.

Die Crêpeteig-Mischung in eine Schüssel geben und nach und die Milch einrühren. Dann unter Rühren die Eier hinzugeben, die geschmolzene Butter hinzufügen und erneut gut verrühren. Der Teig sollte glatt, homogen und relativ flüssig sein. Etwa 1 Stunde ruhen lassen.

Eine Crêpepfanne oder eine große Bratpfanne leicht einfetten und erhitzen. Eine kleine Schöpfkelle Teig in die Mitte geben und über den ganzen Pfannenboden verteilen. Einmal wenden und fertig backen.

Mit Schlagsahne und geschmolzener Schokolade oder anderen Leckereien servieren.

Natürlich ist ein Crêpemaker das perfekte Gerät zum Backen der Crêpes und der Galettes (Rezept siehe S. 62). In der Bretagne, dem Heimatland dieser Pfannkuchenspezialitäten, wird im normalen Haushalt eine große, flache Crêpepfanne verwendet. Zum Verteilen des Teigs und zum Wenden der Pfannkuchen gibt es spezielle Küchenhelfer, die wie die Pfanne bei uns über den Onlinehandel bezogen werden können.

APFELRÖSCHEN

Für 4 Personen
Vorbereitung: 10 Minuten
Backzeit: 37 Minuten

Den Blätterteig zu einem dünnen Rechteck ausrollen und in 5 cm breite Streifen schneiden.

Die Äpfel waschen, halbieren und das Kerngehäuse entfernen – nicht schälen. Die Äpfel in sehr dünne Scheiben schneiden, vorzugsweise mit einem Gemüsehobel. Die Apfelscheiben in eine Schüssel geben, mit Wasser bedecken und 2 Minuten in der Mikrowelle erhitzen.

Das Quittengelee auf die Blätterteigstreifen streichen und die Apfelscheiben gleichmäßig und überlappend entlang dem oberen Rand des Teigstreifens anordnen und zwar so, dass sie leicht überstehen.

Den Ofen auf 180 °C vorheizen. Den unteren Rand des Teigs nach oben über die Apfelscheiben klappen. Den Teigstreifen schneckenförmig aufrollen. Die Ränder andrücken, damit das Küchlein seine Form behält.

Die Röschen in Muffinformen setzen. Mit Puderzucker bestäuben und 35 Minuten im Ofen backen. Vor dem Servieren erneut mit etwas Puderzucker bestäuben und genießen!

ERDBEER-RHABARBER-CRUMBLE

Für 4 Personen
Vorbereitung: 15 Minuten
Ruhezeit: 2 Stunden
Backzeit: 20 bis 30 Minuten

Den Rhabarber schälen und in 1 cm große Stücke schneiden. Diese in eine Schüssel geben, ordentlich zuckern und 2 Stunden lang ziehen lassen.

Das Mehl und 80 g braunen Zucker in eine Schüssel geben und mit der kalten, in kleine Stücke geschnittenen Butter mischen. Gut mit den Fingerspitzen durchkneten, sodass Streusel entsteht. Dann kalt stellen.

Die Erdbeeren waschen und dann die Stiele und Blätter entfernen. Einige Früchte zurückbehalten und den Rest der 400 g Erdbeeren halbieren und mit dem abgetropften Rhabarber mischen.

Den Ofen auf 180 °C vorheizen. Die Früchte in einer Auflaufform verteilen. Mit etwas Zucker bestreuen und mit den Streuseln bedecken. 20 bis 30 Minuten im Ofen backen, bis die Streusel goldbraun und knusprig sind.

Die Form aus dem Ofen nehmen und den Crumble mit den restlichen frischen Erdbeeren garnieren.

++

Zu einem Hochgenuss wird dieses Dessert, wenn Sie es mit Buttermilch-Sorbet oder mit einer Kugel Vanilleeis servieren.

1 glutenfreier Mürbeteig

3 rosa Grapefruits

2 g Agar Agar

Pistazien

TARTELETTES

MIT GRAPEFRUIT UND PISTAZIEN

Für 4 Personen
Vorbereitung: 15 Minuten
Backzeit: 15 bis 20 Minuten
Ruhezeit: 1 Stunde

Den Ofen auf 180 °C vorheizen. Den Mürbeteig portionieren und in die Tartelettformen drücken. Mit einer Gabel mehrfach in die Teigböden einstechen, Backbohnen darauf verteilen, die Formen mit einem Blatt Backpapier abdecken und die Böden blind backen. Nach 15 bis 20 Minuten aus dem Ofen nehmen und abkühlen lassen. Der Teig muss durchgebacken sein.

Eine Grapefruit so schälen, dass die weiße Haut vollständig entfernt wird. Auch die Haut von den Spalten abziehen und diese längs durchschneiden.

Für den Guss die beiden anderen Grapefruits auspressen. Den Saft (300 bis 400 ml) und falls die Grapefruits nicht sehr süß sind 40 g Zucker in einen Topf schütten und das Agar Agar hinzugeben. Gut umrühren und 2 Minuten lang köcheln lassen.

Die Grapefruitstückchen auf den Tarteletts arrangieren, den Guss darüber verteilen und mindestens 1 Stunde ruhen lassen.

Die Pistazien mit dem Messer grob hacken und vor dem Servieren auf die Tarteletts streuen.

Was sonst noch gebraucht wird …

Zum Kochen und Backen mit nur 4 Zutaten werden im Allgemeinen auch Fertigprodukte verwendet. Falls diese nicht glutenfrei verfügbar sein sollten, können Sie auch diese Komponenten selbst zubereiten. Zudem werden ein paar Grundzutaten benötigt, die Sie für Ihre glutenfreie Küche nach Möglichkeit vorhalten sollten.

Grundzutaten

Butter, süß und gesalzen
Zucker
Puderzucker ohne Gluten
Backpulver ohne Gluten
Haselnussöl
Kartoffelstärke
Maisstärke
Sonnenblumenöl
Soja Cuisine oder Reis Cuisine
Salz, Pfeffer und Gewürze

Zu Brot mit Algen

110 g Reismehl
100 g gekeimtes (oder normales) Buchweizenmehl
50 g Kartoffelstärke (oder Maisstärke)
20 g gemahlene Haselnüsse
½ TL Natron
Alle Zutaten gut mischen.

Zu Brot aus dem Topf

150 g Reismehl
120 g Kichererbsenmehl
120 g Kartoffelstärke
70 g Maisstärke
40 g Tapiokastärke
12 g Xanthan
12 g graues Meersalz
Alle Zutaten mischen.

Crêpeteig-Mischung

250 g Reismehl
40 g Kokosblütenzucker
1 TL Xanthan
Alle Zutaten mischen.

Erdnusssoße

3 gehackte Knoblauchzehen
1 Prise Chilipulver
3 EL Austernsoße
2 EL Sojasoße
3 EL Erdnüsse (geröstet und gehackt)
6 EL Sesamöl
Alle Zutaten mischen.

Ketchup

2 Knoblauchzehen
1 Zwiebel
etwas Olivenöl
1 kg Tomaten (entkernt)
Salz
Pfeffer
150 ml Apfelessig
110 g Rohrzucker
1 Gewürznelke
1 TL Ingwer, gemahlen
1 Prise Muskatnuss, gemahlen
1 Prise Chilipulver

Die Knoblauchzehen und die Zwiebel hacken. Etwas Olivenöl in einer Schmorpfanne erhitzen und die Zwiebel und den Knoblauch darin 2 Minuten lang bei mittlerer Hitze braten, ohne dass sie Farbe annehmen. Die Tomaten hinzugeben, mit Salz und Pfeffer würzen und 30 Minuten köcheln lassen. Die Soße in einen Topf füllen und mixen, bis sie eine einheitliche Konsistenz besitzt. Dann den Apfelessig und den Rohrzucker hinzugeben und mit der Gewürznelke, dem Ingwer, Muskatnuss und nach Geschmack mit dem Chilipulver würzen. Eine weitere Stunde köcheln lassen, bis die Soße dickflüssig wird. Das Ketchup hält sich im Kühlschrank einige Tage. Um es länger haltbar zu machen, kann es in Gläsern eingekocht oder portionsweise eingefroren werden (z.B. in einem Eiswürfelbehälter).

Laktosefreie weiße Soße

250 ml Soja Cuisine oder Reis Cuisine
1–2 gehackte Knoblauchzehen
frische Kräuter (Koriander, Petersilie, Dill, Basilikum – je nach Gericht)
Salz
Chilipulver nach Geschmack
Alle Zutaten mischen.

Marinade

1 Stück geriebener frischer Ingwer
2 EL Rohrzucker
3 Prisen Cayennepfeffer
150 ml glutenfreie Sojasoße
3 EL Apfelessig
Alle Zutaten mischen.

Vinaigrette

Fleur de Sel
frisch gemahlener Pfeffer
50 ml Apfelsaft
2 EL Apfelessig
3 EL Haselnussöl
Alle Zutaten mischen.

ISBN: 978-3-8094-4929-4

1. Auflage

Die Originalausgabe erschien unter dem Titel *Sans Gluten – 4 Ingrédients*.

Umschlaggestaltung: Atelier Versen, Bad Aibling
Foodstyling und Fotos: Sandra Mahut
Layout: Vincent Fraboulet
Projektleitung: Birte Dittmann
Redaktion und Producing: SAW Communications, Redaktionsbüro Dr. Sabine A. Werner, Dahn
Übersetzung: SAW Communications, Annegret Tripodi
Satz: SAW Communications in Zusammenarbeit mit Anke Enders
Herstellung: Franziska Polenz
Druck und Bindung: Alföldi Nyomda Zrt., Debrecen

Printed In Hungary

Penguin Random House Verlagsgruppe FSC® N001967